Jürg Obrist

Pepper greift ein

Jürg Obrist, geboren 1947, erlernte den Beruf des Retuscheurs und besuchte die Fachklasse Fotografie an der Schule für Gestaltung, Zürich. Nach einem langjährigen USA-Aufenthalt lebt er heute als freier Illustrator und Autor mit seiner Familie in Zürich. Neben den aufregenden Fällen

um Kalle Bohne und Gitta Gurke, die er schreibt und in Szene setzt, gestaltet er auch Bilder- und Kinderbücher und arbeitet für zahlreiche Kinder- und Jugendzeitschriften.

Weitere Titel von Jürg Obrist bei dtv junior: siehe Seite 4

Jürg Obrist

Pepper greift ein

Minikrimis zum Mitraten und Englischlernen

Deutscher Taschenbuch Verlag

Von Jürg Obrist sind außerdem bei dtv junior lieferbar:
Klarer Fall?!, dtv junior 70506
Lauter klare Fälle?!, dtv junior 70920
Verflixt, das Klasofon ist weg! dtv junior 70966
Stella Bella und der Affenklau, dtv junior 71204

Originalausgabe
In neuer Rechtschreibung
September 2007

www.dtvjunior.de
Umschlagkonzept: Balk & Brumshagen
Umschlagbild: Jürg Obrist
Lektorat: Maria Rutenfranz
Gesetzt aus der Akzidenz Grotesk 14/18'
Gesamtherstellung: Kösel, Krugzell
Gedruckt auf säurefreiem, chlorfrei gebleichtem Papier
Printed in Germany · ISBN 978-3-423-71252-1

Auf nach Amerika

Kalle und Gitta stehen große Abenteuer bevor! Die beiden Detektive fliegen in die USA, um Kalles Tante Betty zu besuchen. Sie wohnt in Queens, New York City.
»Da können wir endlich Englisch üben«, lacht Gitta.
»Yes! I speak English«, prahlt Kalle. *»I speak, you speak, he or she speaks …«*
»Schon gut!«, unterbricht ihn Gitta. »Das kann ich auch! *We speak, you speak, they speak!*«
Aber als sie in New York landen, sind sie froh, dass Tante Betty sie am Flughafen abholt und sie sich nicht allein zurechtfinden müssen. Zum Glück ist Betty zweisprachig. Sie kann Kalle und Gitta helfen und für sie übersetzen. Und dann ist da auch noch Pepper, Bettys Papagei. Der freut sich ganz besonders auf die Gäste aus Europa. *»Squack! I can teach you!«*, kreischt der vorwitzige Vogel.
Das wird wohl auch nötig sein! Zwar wollen die zwei Detektive eigentlich endlich mal Ferien machen, aber binnen kürzester Zeit sind sie wieder damit beschäftigt, neue Fälle zu lösen. Das haben sie auch Betty zu verdanken. Sie scheint nämlich eine Nase dafür zu haben, wo etwas passiert. Zudem hat sie Hauptinspektor Benson, einem Freund von ihr, von Kalles und Gittas Besuch erzählt. Und der *police chief* ist mehr als froh, wenn ihm die zwei Detektive einige Fälle abnehmen. Aber das geht natürlich wieder nur mit eurer Hilfe. Dabei könnt ihr euch gleichzeitig mit der englischen Sprache vertraut machen. Wenn ihr alles aufmerksam lest und die Bilder genau anschaut, werdet ihr den Tätern bestimmt auf die Spur kommen – *good luck!*

PUMPKIN
DONUTS

1. Fall

Eine Schwäche für *donuts*!

In New York muss man unbedingt *donuts* probieren. Diese feinen, süßen Heferinge sind unwiderstehlich.

Natürlich will auch Tante Betty ihrem Besuch das amerikanische Nationalgebäck vorführen. Aber leider haben auch Gauner eine Schwäche für die süße Spezialität. Ausgerechnet als Kalle und Gitta in New York sind, haben sich einige Typen darauf spezialisiert, *donut*-Bäckereien auszurauben.

Und sie wissen Qualität zu schätzen. Denn als Kalle und Gitta mit Betty bei deren Lieblingsbäcker eintreffen, um die köstlichen Kringel zu kosten, erwartet sie eine böse Überraschung – und ein neuer Fall!

Aufregung bei *Pumpkin Donuts*

»Heute gehen wir zu Ronald Pumpkin und probieren *donuts*«, schlägt Betty vor.

Kalle leckt sich erfreut die Lippen und auch Tante Bettys Papagei Pepper schnattert wild drauflos, als er *donut* hört.

Doch welch ein Aufruhr, als sie das Geschäft von Ronald Pumpkin betreten! Der Bäcker ist außer sich, aber nur Tante Betty versteht, was los ist: Das Geschäft wurde ausgeraubt! Und Pumpkin hat auch einen Verdacht, wer die Täter waren: die *donut*-Freaks Sticky Longley und Little Chubby! Aufgeregt zeigt er Betty, Kalle und Gitta einen Zeitungsschnipsel, auf dem zwei Kerle abgebildet sind: ein dünner Langer und ein kleiner Dicker. Sie werden schon seit Monaten gesucht, denn sie sind dafür bekannt, *donut*-Bäckereien auszurauben – jede Woche ein bis zwei Läden! Offenbar sind sie ganz verrückt nach dem süßen Naschwerk.

Kalle und Gitta können es nicht lassen: Sie wollen Ronald helfen und schauen sich genauer um.

»Die Überwachungskamera ist verklebt«, entdeckt Gitta. »Das müssen zweifellos erfahrene Profis sein!«

Kalle hat ebenfalls etwas Interessantes festgestellt: »Scheinbar sind die Täter tatsächlich Spezialisten für Süßes.«

Was hat Kalle bemerkt?

PUMPKIN DONUTS
BEST DONUTS IN TOWN
UT MORE PUM
EMERGENCY
EXIT
TODAY'S SPECIALS
RAISIN
ORANGE
CREAM
TOASTED
APPLE
PLAIN
$1.00
PEPPER
80¢
CUSTARD
VANILLA
CHOCOLATE
ALMOND
LEMON
MAPLE
CINNAMON
$1.20
SPRINKLES

DONUT
BAKER
1st
QUALITY
FLOUR
MILK
TRASH
SUGAR
PUMPKIN DONUTS
CHECKLIST
I am ready
You are in time
She or he is here
We are bakers
You are busy
BUTTER
DOUGH
RAISINS
NUTS

Eine Macke als Beweis

»Vermutungen helfen uns nicht weiter. Wir brauchen Beweise, dass Longley und Chubby wirklich die Diebe sind!«, erklärt Gitta. »Übrigens«, fragt sie, »was bedeutet ›*FIND THE GOLDEN COIN!*‹?« Sie blickt auf eine der Verpackungen mit diesem Schriftzug.

»Finde die Goldmünze!«, übersetzt Betty. »Das ist eine von Ronalds berühmten Werbeideen. In einem seiner *donuts* ist eine Goldmünze versteckt. Aber leider ist die ja nun auch weg. Darum ist Ronald ja so wütend!«

Gitta und Kalle beschließen, sich als Erstes die Backstube hinter dem Laden genauer anzusehen. Vielleicht hilft ihnen das weiter. Auch hier herrscht große Unordnung.

»Die haben hier ja ziemlich gewütet«, meint Gitta.

»Aber hier kannst du gleich dein Englisch üben«, lacht Kalle, als er die *Pumpkin Donuts checklist* entdeckt.

»Manches verstehe ich auch ohne üben«, grinst Gitta. »*Butter, milk, nuts* – klingt beinahe wie auf Deutsch.«

»Aber das hilft uns alles nicht weiter …«, grummelt Kalle.

Plötzlich lacht er über das ganze Gesicht. »Jetzt bin ich endlich sicher, dass es sich bei den *donut*-Dieben um Longley und Chubby handeln muss!«

Als Gitta ihn fragend anschaut, deutet Kalle auf den Zeitungsausschnitt mit den zwei Verdächtigen.

Gitta stutzt, schaut noch einmal in das Chaos und grinst dann auch. »Ihre Liebe zu Süßem wird die beiden noch teuer zu stehen kommen, nicht wahr?«

Welches Beweisstück haben Kalle und Gitta entdeckt?

Ein wichtiger Fund

»Ein Lolli – das ist doch wirklich verdächtig«, sagt Kalle zufrieden. Nachdenklich dreht er dabei einen Kugelschreiber in der Hand, den er auf dem Boden der Backstube gefunden hat. »Was hat eigentlich so ein Stift in einer Backstube verloren?«, fragt er plötzlich.
Zu seiner Überraschung stellt sich heraus, dass keiner den Stift mit der auffälligen Werbeaufschrift kennt. Kalle und Gitta grinsen. Das scheint ja gleich die nächste Spur zu sein!
»Wa Shing Chinese Laundry, Church Street«, steht auf dem Kugelschreiber. Eine chinesische Wäscherei? Nichts wie hin in die Church Street! Kurze Zeit später treten sie in einen kleinen Laden. Auf Regalen sind unzählige Päckchen aufgetürmt – lauter gereinigte und in Papier eingeschlagene Herrenhemden. An Bügeln hängen noch viel mehr davon. Alle sind mit den Initialen ihrer Besitzer gekennzeichnet.
Kalle bittet Betty, den Chinesen hinter dem Ladentisch nach zwei Kunden zu fragen: der eine groß und dünn, der andere klein und dick. Der Mann lächelt höflich: *»One of them is tall and skinny, the other short and heavy?«*, wiederholt er.
Eine alte Frau bringe ihm jeweils zwei Hemden mit diesen ungewöhnlichen Maßen. Es handle sich um Rosie Norman, die Großmutter des einen Herrn. Die zwei Kunden selbst habe er nie gesehen.
Während Kalle sich von Wa Shing den Auftragszettel zeigen lässt und sich Rosies Adresse in der 10. Avenue Nr. 537 notiert, ruft Gitta zufrieden: »Alles klar! Die beiden können nur Sticky Longley und Little Chubby sein.«
Weshalb ist sie sich ihrer Sache so sicher?

WA SHING CHINESE LAUNDRY
CHURCH STREET
WA SHING CHINESE LAUNDRY
left door
right
K.B.
S.R.
N.L.O.
K.K.
J.V.
P.N.
N.W.
R.W.
D.Y.
A.Z.
B.W.
S.L.
Z.M.
large
K.E.
small
very wide
L.CH.
J.O.
M.R.
very tall
short
N.H.
W.A.
NO ENTRANCE

Grandma Rosie

Rosie wohnt im 18. Stockwerk eines Wolkenkratzers.
»Zum Glück gibt's hier in jedem Haus Aufzüge!«, murmelt Kalle. »Kaum auszudenken, was passiert, wenn der Lift einmal streikt!«
Kalle, Gitta und Betty werden von einer liebenswürdigen Dame hereingebeten. Sie erschrickt etwas, als sie Pepper auf Bettys Schulter sieht, ist aber gleich entzückt, als sich Pepper ein paar Nüsse aus einer Schale schnappt.
Betty erklärt Rosie, dass sie ihre Adresse von Wa Shing hätten und auf der Suche nach Longley und Chubby seien.
»We're looking for Sticky Longley and Little Chubby.«
»O dear«, sagt Rosie, *»Sticky is my grandson. He and Chubby live downtown.«*
»Gitta hatte recht«, staunt Betty. »Sticky ist Rosies Enkel. Er selbst und Chubby wohnen im unteren Teil der Stadt.«
Betty, Kalle und Gitta erfahren weiter, dass Rosie den beiden ab und zu die Bude reinigt und ihnen die Wäsche macht. Ihre Hemden bringe sie immer zu Wa Shing.
»Ich frage jetzt nach der Adresse der beiden«, sagt Gitta mutig.
»What's their address?«
Rosie antwortet: *»Their address is: Nine East 1st street.«*
»Äh, das heißt also …«, murmelt Gitta.
Wie lautet die Adresse der beiden Verdächtigen?

TWO
Sun. Mon. Tues. Wed. Thurs. Fr. Sat.
FOUR
TEN NUTS
SIX
THREE BOYS
FIVE
SEVEN
NORTH
WEST
EAST
SOUTH
HOME FIXER
NINE SCREWS
ONE 1
MAGAZINE
EIGHT COOKIES

Knapp verpasst!

Dank Bettys Auto kommen sie trotz dichten Verkehrs bald in das Viertel, in dem die Ganoven hausen. Lauter Abbruchhäuser ohne Namenschilder! Zum Glück zeigt ihnen ein Rentner die Wohnung der beiden. Doch da ist alles verriegelt. Laut dem Rentner haben die beiden auch noch einen Schuppen im Hof. Auch dort ist alles verschlossen. Aber Kalle entdeckt auf der Rückseite ein zerbrochenes Fenster.

»Das wäre doch ein Kinderspiel für Pepper«, lacht er.

Tatsächlich kann Pepper durch das Loch in den Schuppen kriechen und von innen die verriegelte Tür öffnen. Drinnen herrscht Chaos, nur die *Pumpkin Donuts* finden sie nicht. Kein Wunder, wie der Rentner erklärt: *»They often drive here with a van. They load it with boxes and leave for a couple of days!«*

»Sie kommen oft mit einem Lieferwagen, beladen ihn mit Schachteln und hauen für ein paar Tage ab?« staunt Kalle. »Aber die waren doch eben noch hier!«

Woher weiß Kalle das?

That's their apartment over there.
Squack! This is very interesting.
NAILS
DONUTS
JOE COZY
STIC
50 GALLONS
OIL
UP
TOOLS
GASOLINE
UP
MOTOR-PARTS
PEARS
New York
FOOD SHOW

Heiße Ware an Bord!

»Uns bleibt nichts anderes übrig, als abzuwarten, bis die Kerle wiederkommen«, erklärt Kalle.
»Aber das kann ja ewig dauern«, stöhnt Gitta.
Doch sie haben Glück!
Nach kaum einer Stunde fahren die zwei Ganoven mit einem farbig bemalten Lieferauto vor. Sie tragen zahlreiche Schachteln aus ihrer Wohnung in den Wagen. Dort muss sich das Lager befinden! Kurz darauf brausen sie wieder davon. »Los, ihnen nach!«, ruft Gitta.
Betty sitzt schon am Steuer und die Verfolgungsjagd beginnt.
Die Fahrt geht in dichtem Verkehr über die Brooklyn Bridge. »Ich glaube, die fahren nach Coney Island«, schätzt Betty. »Unten am Meer ist ein riesiger Rummelplatz. Fragt sich bloß, was sie da wollen!«
Tatsächlich endet die Fahrt beim Rummelplatz. Betty parkt das Auto in sicherer Distanz. Kalle und Gitta folgen Longley und Chubby zu Fuß. Der Lieferwagen kommt in dem Gedränge nur langsam vorwärts. Dennoch ist es gar nicht einfach, ihn zwischen den vielen Buden nicht aus den Augen zu verlieren.

Kalle und Gitta verstecken sich hinter einer Hotdog-

Bude. Sie merken plötzlich, dass sie seit Stunden nichts gegessen haben. Wie gern würden sie jetzt einen leckeren Hotdog verdrücken. Fast hätten sie verpasst, dass Longley ausgestiegen ist und den Lieferwagen in eine Lücke zwischen einem Karussell und einer Eisbude weist. Im Nu verwandeln die zwei ihr Auto in einen Verkaufsstand. Longley befestigt eine Aufschrift am Wagendach, während ihm Chubby die Buchstaben reicht.

»Ich glaube, wir haben unsere Diebe gefunden!«, grinst Kalle mit Blick auf die Buchstaben am Boden.

Welches Wort ergeben sie?

Pepper behält den Überblick

»Stellen wir sie zur Rede!«, schlägt Kalle vor.
Sie begeben sich zu Longley und Chubby und fragen, ob es sich bei ihrer Ware um *Pumpkin Donuts* handle.
Scheinbar haben die zwei Gauner verstanden, wovon Kalle und Gitta sprechen. Empört weisen sie dies zurück. Gitta versteht, dass Longley und Chubby ihre Ware angeblich von einem Lieferanten beziehen.
»Wir können nichts beweisen«, murmelt sie. »Besser, wir behalten sie im Auge und kommen ihnen so auf die Schliche.«
Doch sobald sie den beiden Gaunern den Rücken kehren, machen diese ihren Laden dicht. Und bevor Kalle und Gitta es bemerken, haben sie sich schon aus dem Staub gemacht. Das Auto ist noch da, aber die zwei sind verschwunden.

»Das ist wohl Beweis genug, dass die beiden Dreck am Stecken haben!«, schnaubt Kalle. »Wie sollen wir sie in diesem Getümmel bloß wieder aufstöbern?«

Da hören sie von oben ein lautes *Squack*.

Pepper! Er kreist genau über ihnen, kreischt wie wild und zeigt mit seinen Flügeln nach unten.

»Er hat die beiden gefunden!«, jubelt Gitta.

Wo hat Pepper die beiden Flüchtigen entdeckt?

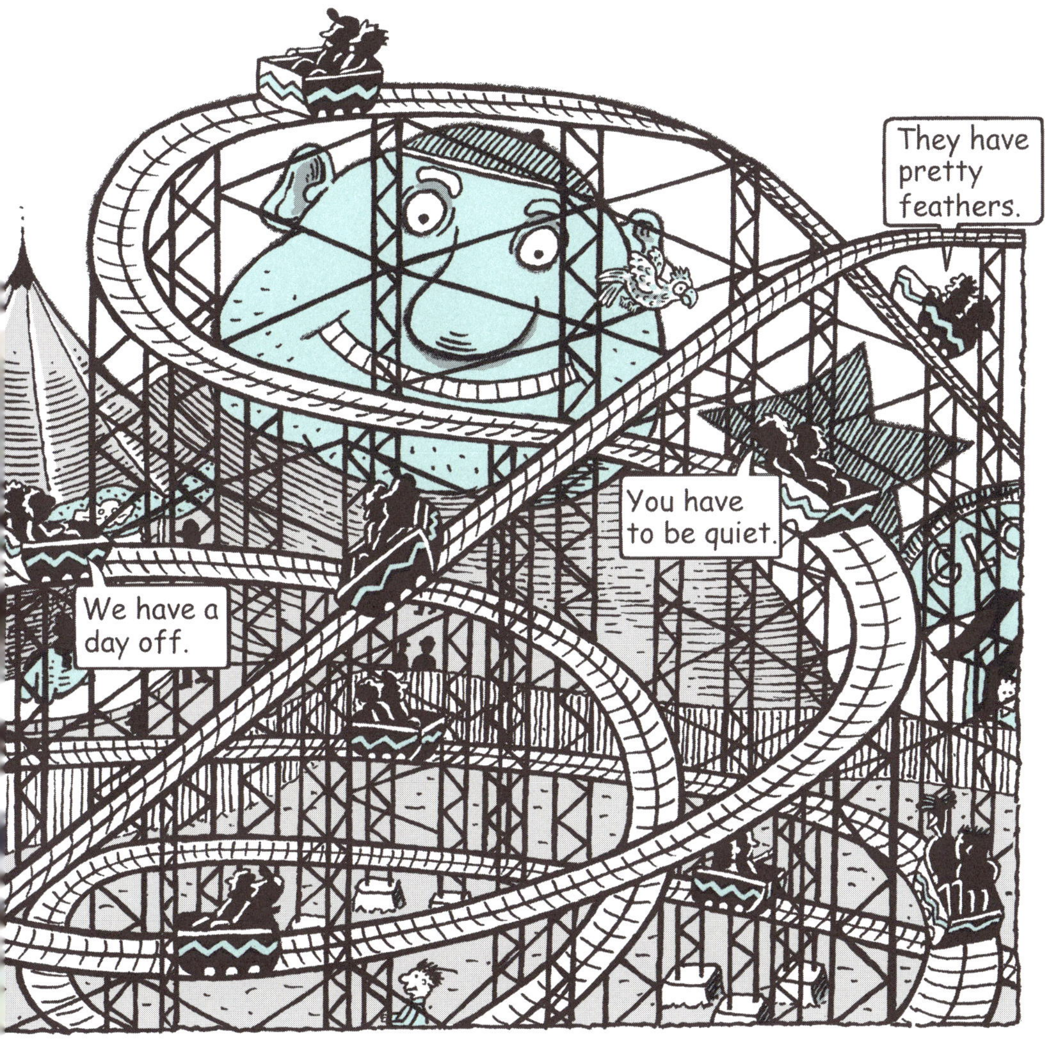

Auf dem *roller coaster*

Endlich verstehen Kalle und Gitta Peppers Zeichen. Klar, die Kerle sind auf die Achterbahn – den *roller coaster* – entwischt. Sie dachten wohl, dass sie sich so unbemerkt verdrücken könnten. Aber da haben sie ihre Rechnung ohne Pepper gemacht.
»Wir warten am Ausgang auf die beiden«, sagt Kalle. »Da können wir ihnen richtig auf die Pelle rücken.«
Doch Longley und Chubby haben ihre Absicht erkannt.
»Squack, squack!«, tönt es von oben. Pepper sitzt auf einem hohen Mast und will den beiden Detektiven etwas mitteilen. Aber was?

Kalle und Gitta ist die Sicht versperrt! Und bei all dem Lärm ringsum verstehen sie auch Peppers Gekreische nicht richtig. Nur einzelne Wörter können sie aufschnappen.
»Ich glaube, Pepper will uns warnen. Ich verstehe immer ›*Watch out!*‹, ruft Gitta aufgeregt.

Wenn die Detektive an Peppers Stelle wären, könnten sie sehen, was die beiden Gauner vorhaben. So aber müssen sie versuchen, aus Peppers Gekreische einen Satz zu bilden.

Was ruft der Papagei ihnen zu und was will er ihnen damit sagen?

Die verflixte Geisterbahn

»Da drüben laufen sie!«, schreit Gitta. »Sie hauen ab in die Geisterbahn! Nichts wie hinterher!«
Kalle und Gitta stürmen hinterher Richtung *haunted house*, sie besteigen einen Wagen und fahren in das Geisterhaus. Lautes Getöse und furchterregende Gestalten stürzen sich

ihnen in der Finsternis entgegen. Scharfe Kurven tragen sie beinahe aus dem Wagen. Jeglicher Orientierungssinn geht ihnen verloren.

»Und ich dachte, solche Geisterbahnen seien harmlos!«, stöhnt Kalle.

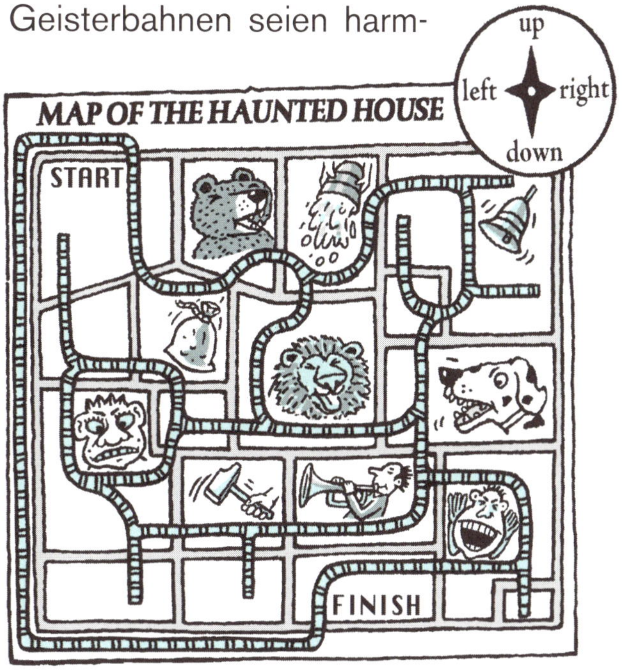

Nach einigen Minuten holpriger Fahrt kommt ihr Wagen plötzlich ins Stocken. Die Räder quietschen, es ruckt und zuckt. Schließlich bleiben sie stehen.

»Was zum Kuckuck ist jetzt los?!«, ruft Gitta.

Hinter sich hören sie jäh eine Gittertür zuschlagen. Ein Schloss schnappt zu. Ein gemeines Kichern ist zu vernehmen.

»Longley und Chubby!«, schreit Kalle auf. »Die Mistkerle haben uns aufgelauert und uns hier eingesperrt.«

»Schöne Bescherung!«, klagt Gitta, »und was jetzt? Bis uns hier einer hört, sind die Gauner längst weg!«

Sie beginnen zu rufen und gegen die Gitter zu hämmmern.

»*Help, help!* Holt uns hier raus!«, schreit Gitta.

Wo wird man die beiden finden?

Tipp: Wer die Geräusche im linken Bild den Schreckensgestalten im Plan der Geisterbahn richtig zuteilt, weiß, wo die beiden feststecken …

Rushhour

Schließlich werden Kalles und Gittas Rufe gehört. Angestellte der Geisterbahn finden und befreien sie. Den zwei Detektiven bleibt kaum Zeit, ihnen zu danken. Sie müssen zurück zu Betty! Die wartet samt Pepper an der Eisbude, neben der die Gauner ihren Wagen geparkt hatten. Doch der Wagen ist weg! Aber Betty hat aufgepasst. »Chubby und Longley sind vor einer halben Stunde losgefahren«, erklärt sie aufgeregt. »Aber ich war nah genug an dem Lieferwagen, um zu verstehen, was die zwei geredet haben. Als sie losfuhren, sagte Chubby: ›*Let's bring the stuff to Rosie.*‹ – Sie wollen die Ware also zu Rosie in Sicherheit bringen!«

»Was stehen wir dann noch hier herum?«, schimpft Gitta. »Donnerwetter, wir müssen hinterher!«

Sie rennen zu Bettys Auto und fahren, so rasch es der Verkehr zur *rushhour*, der Hauptverkehrszeit, zulässt, zurück in die Stadt. Auch die 10. Avenue ist völlig verstopft mit Autos. Betty muss ihren Wagen im nahen Parkhaus abstellen. Gitta und Kalle blicken suchend um sich.

Ob Longley und Chubby wohl schon hier sind?

SAVE
Wonder Books
DENTIST
MEN'S FASHION
Boesy
Kosh
Men's Fashion
ONE WAY
GROCERIES
Cool Stuff!
TAXI
NO PARKING ANY TIME

Rosie fällt aus allen Wolken

Rosie wirkt ganz verwirrt, als Kalle, Gitta und Betty kurz darauf bei ihr an der Tür stehen.
»Sorry, we …!«, versucht Gitta, die Situation zu erklären.
Rosie schaut sie fragend an: *»What's the matter? Is there something wrong with my grandson again?«*, fragt sie.
Betty übersetzt rasch für Kalle und Gitta: »Rosie fragt, was los sei. Ob wieder etwas mit ihrem Enkel nicht stimme.«
»Are they here?«, fragt Kalle.
Rosie schüttelt den Kopf, aber man merkt, dass sie nicht die Wahrheit sagt – oder nicht sagen darf!
Kalle zwinkert Gitta zu: Er will sich etwas umschauen! Zum Glück lädt Rosie die Gäste zu einer Tasse Tee ein. Kekse habe sie leider keine, da sie nichts Süßes vertrage, übersetzt Betty. Während Rosie zum Teekochen in der Küche verschwindet, greift Gitta zu einer Zeitschrift auf dem Tisch und versucht ihr Glück mit einem Kreuzworträtsel. Kalle nutzt die Zeit, um sich umzuschauen. Er ist sich sicher, dass die beiden Gauner irgendwo in der Nähe sind und Rosie lügt. Vermutlich haben ihr die zwei miesen Kerle für den Fall gedroht, dass sie etwas verrät.
Plötzlich erblickt Kalle etwas, das ihm beweist, dass die beiden wirklich in der Wohnung sind. Er flüstert Gitta etwas zu. Diese lacht im selben Augenblick auf. »Komisch«, sagt sie, »wenn man die Buchstaben in den grauen Feldern dieses Kreuzworträtsels richtig hintereinandersetzt, lautet das Lösungswort genau wie deine Entdeckung.«
Was hat Kalle bemerkt und wie lautet Gittas Lösungswort?

HOUSE
CAR
WINDOW
CLOUD
HAT
KNIFE
PICKLE
TABLE
CAT
SHOE
PEARS
APPLE

WHAT COLORS DO WE KNOW?
RED
YELLOW
BLUE
BLACK
WHITE
GREEN
ORANGE
DONUTS
KATZ'S DONUTS
KATZ'S
PLAIN DONUTS
DELICIOUS PLAIN DONUTS
DONUTS
BILL'S DONUTS
Rampkin Donuts
TV CHANELS
11 ELEVEN
12 TWELVE
13 THIRTEEN
14 FOURTEEN
15 FIFTEEN
16 SIXTEEN
17 SEVENTEEN
18 EIGHTEEN
19 NINETEEN
20 TWENTY
PUMPKIN DONUTS
DONUTS
CHOCOLATE DONUTS
B. Schletz
LOUIS STEIN
LEMON DONUTS
ALMOND DONUTS

Harte Fakten!

Auf einmal sind aus dem Nebenraum leise Geräusche zu vernehmen. Kalle hatte also recht: Die beiden Gauner sind hier! Doch die Zimmertür ist verschlossen.
Kalle ruft laut: *»Come out!«*
Aber nichts geschieht.
Erst als Rosie ihren Enkel bittet, endlich die Tür zu öffnen, hört man, wie innen ein Schlüssel umgedreht wird.
Die zwei Gauner sitzen zwischen lauter *donut*-Schachteln. Chubby stopft sich einen süßen Kringel nach dem anderen in den Mund. Er kann kaum sprechen.
»These are no Pumpkin Donuts!«, grunzt er.
»Das werden wir ja noch sehen!«, sagt Kalle, nimmt einen *donut* und reicht auch Gitta und Betty einen. »Lassen wir uns die Kringel endlich einmal schmecken!«
Alle drei beißen herzhaft in die feinen Ringe.
Genau in diesem Moment entdeckt Kalle, was er gesucht hat. »Also doch! Es sind …«, aber er wird durch einen Schrei Gittas unterbrochen.
»Na, da haben wir ja den Beweis!«, nuschelt sie mit vollem Mund.
Betty begreift sofort, was passiert ist, und grinst: *»It must be the golden coin, right?«*
Als Gitta nickt, erklärt Betty fröhlich: »Dann werde ich wohl am besten mal meinem Freund, *police chief* Benson, Bescheid sagen, oder?«
Kalle meldet sich etwas entnervt: »Will denn niemand wissen, welchen Beweis *ich* gefunden habe?«
Was verrät die beiden Täter?

2. Fall

Spy Eye, die Wundermaschine

Dem britischen Erfinder Dr. Fletchstone ist mit seinem *Spy Eye* ein großer Wurf gelungen. *Spy Eye* ist eine Art Sensor, der durch Wände hindurchsehen kann und anzeigt, was sich dahinter befindet. In Auftrag gegeben wurde das Gerät von der Yorker Polizei, der es bei der Jagd auf Verbrecher wertvolle Dienste leisten soll.
Soeben ist Dr. Fletchstone am Flughafen von New York angekommen, um das einzigartige Gerät seinen neuen Besitzern zu übergeben.
Doch obwohl die Sache streng geheim gehalten wurde, weiß man offenbar auch in der Gaunerwelt New Yorks von Dr. Fletchstones Wundermaschine. Und dort schläft man nicht, denn so ein nützliches Gerät ist auch für ihre krummen Geschäfte höchst interessant …

Spy Eye verschwindet

Kalle und Gitta sind zum New Yorker Flughafen gefahren. Sie wollen noch etwas länger in New York bleiben und müssen darum ihre Flugtickets verlängern lassen. Am Eingang der Flughafenhalle werden sie fast von drei Männern und einer Frau umgerannt, die sich mit einem Koffer durch die Menge zwängen.

»Die haben es aber eilig«, meckert Gitta und schaut ihnen nach. Im Gebäude stürmt ein weiterer Herr an ihnen vorbei.

»Help! My suitcase, I can't find my suitcase«, schreit er.

»Den kenne ich doch«, grübelt Gitta, »das ist Dr. Fletchstone, der berühmte britische Erfinder! Er scheint seinen Koffer nicht finden zu können. Ob die eiligen Typen von vorhin etwas damit zu tun haben? Die hatten doch einen Koffer dabei!«

»Excuse me«, beginnt Kalle. *»Maybe we can help!«*

Die beiden erzählen Dr. Fletchstone, so gut sie können, von ihrer Beobachtung am Eingang. Bei der Beschreibung des Koffers, den die Kerle bei sich trugen, beginnen die Augen des Erfinders zu leuchten. *»That's my suitcase«*, stammelt er. So erfahren Kalle und Gitta von Fletchstones Erfindung.

»Die Halunken müssen von dem genialen Gerät Wind bekommen haben«, sagt Kalle. »Nur gut, dass wir aufgepasst und uns ihre Gesichter eingeprägt haben!«

Wenig später können sie bei *police chief* Benson ihr Gedächtnis unter Beweis stellen und die vier Gauner in der Verbrecherkartei ausfindig machen.

Wie heißen die drei Männer und die Frau?

He has a very big nose.
He has a tooth missing.
He wears round glasses.
He has a tiny nose.
She has long black hair.
He has a long, pointy nose.
She wears sunglasses.
He has a moustache.
He has no hair.
He has a beard.
He has wild hair.
She wears earrings.
Jill
Maury
Ken
Bill
Jerry
Bob
Matt
George
Stan
Doris
Willy
Jenny
Sue
Doug
Bruce
Jack
Chuck
Lily

Noch eine geniale Erfindung

»The Mazzillis«, staunt *police chief* Benson. Die vier Gauner sind Benson und seinen Kollegen bislang immer entwischt. Und jetzt wollen sie *Spy Eye* für ihre schmutzigen Geschäfte einsetzen! Aber da haben sie ihre Rechnung ohne den genialen Erfinder Dr. Fletchstone gemacht! Der zieht nämlich ein kleines Gerät aus der Tasche, das wie ein Gameboy mit Antenne aussieht. Diesen kleinen *Track Boy*, erklärt Fletchstone stolz, habe er genau für den Fall entwickelt, dass *Spy Eye* in falsche Hände gerate. Er zeigt nämlich genau, wo die geheime Wundermaschine im Einsatz ist. Klar, dass Kalle und Gitta sofort informiert werden wollen, wenn das der Fall ist.

Und tatsächlich: Schon am nächsten Morgen meldet sich Dr. Fletchstone bei Betty, um mitzuteilen, dass die Gauner offenbar im Hafen etwas vorhaben.

20 Minuten später stehen Kalle, Gitta, Betty mit Pepper und Dr. Fletchstone am Hafen, umgeben von riesigen Schiffen.

»The Mazzillis must be on one of those ships with Spy Eye!«, murmelt Dr. Fletchstone. Gitta versteht und kombiniert: »Auf einem der Schiffe soll *Spy Eye* sein? Klar, diese Kähne haben sicherlich kostbare Fracht an Bord!«

»We are here«, erklärt Dr. Fletchstone. *»And they are there. So we have to go up there.«* Er zeigt auf eines der Schiffe.

»Aha! Also wir sind hier und sie sind dort drüben«, wiederholt Kalle zur Sicherheit. Er blickt sich kurz um: »Also müssen wir dort hinaufgehen, nicht wahr?«

Wo müssen die Freunde die Mazzillis suchen?

AMERICA
DIAN CARGO
UP
NILS
NORTH EAST
567
TANJA
FLASH
ST. MARTIN
MAY 4. 07

Eine Mücke zu spät!

Die Freunde eilen die Außentreppe der *America* hinauf. Niemand ist an Bord. *»Darn, the signal is getting weaker!«*, schreit Dr. Fletchstone. Aber auch wenn das Signal des Detektors schwächer wird, wie Dr. Fletchstone bemerkt, so zeigt es doch noch an, dass die Gauner irgendwo im Unterdeck sein müssen. Aber plötzlich sind die Piepstöne ganz weg. Die Mazzillis sind ausgeflogen! Hat jemand Schmiere gestanden und sie gewarnt?
Unten in der Kabine des Kapitäns entdecken die Detektive eine ziemliche Unordnung. Der Safe ist offen und komplett geleert. Auf der Safetür haben die Mazzillis eine Nachricht hinterlassen: »Das ist bloß ein Test! Wir lieben Diamanten! Bis bald«, übersetzt Betty das Geschmiere erzürnt.
»Halunken! Der Safe war bestimmt voller Diamanten und Schmuck!«, brummt Kalle.
»It's clear, these guys aren't beginners, I'm certain they have more plans!«, schimpft Dr. Fletchstone. Nicht nur ihm ist klar, dass diese Typen keine Anfänger sind und dass sie noch weitere Pläne haben. »Wenn sie sich mit *›see you later‹* verabschieden, können wir uns schon bald auf weitere Aktionen gefasst machen!«, seufzt Gitta. »Dies hier war nur ein Test, ob *Spy Eye* wirklich funktioniert.«
»Immerhin erfahren wir hier, wohin bereits weitere wertvolle Ladung von diesem Schiff geliefert wurde. Und da werden sie sicher ihren nächsten Raubzug machen!«, sagt Kalle.
Wo werden die Mazzilis als Nächstes zuschlagen?

Dr. Fletchstone, are you getting a signal?
15
Yes, they must be in there!
We specialize in transporting
AMERICA
Darn, we're too late! There's nothing left in the safe!
Die wollen scheinbar noch weitere Glitzersteine klauen ...
THIS IS JUST A TEST! WE LOVE DIAMONDS! SEE YOU LATER
THE MAZZILLIS
Deliveries for May 3.07
2 containers of silk for "The Silk Factory"
1 container of perfume for "New York Perfume Ltd."
Diamonds and watches for "Diamonds & Things"
1000 lbs. of caviar for "Manhattan Delis"
TRAVEL REPORT
There isn't any oil in the tank.

Es geht erst richtig los!

Kalle hat richtig kombiniert. Schon früh am nächsten Morgen meldet sich Dr. Fletchstone erneut. Der *Track Boy* zeigt Aktivitäten an der 57. Straße im 38. Stockwerk an – bei *Diamonds & Things*!
»And bring Pepper with you!«, brüllt der Erfinder in den Hörer. Wie von Fletchstone gewünscht, nehmen die beiden Pepper mit – und schon sind sie unterwegs.
Dr. Fletchstone erwartet Kalle und Gitta bereits an der 57. Straße. Er hält eine winzige Kamera in der Hand, die er

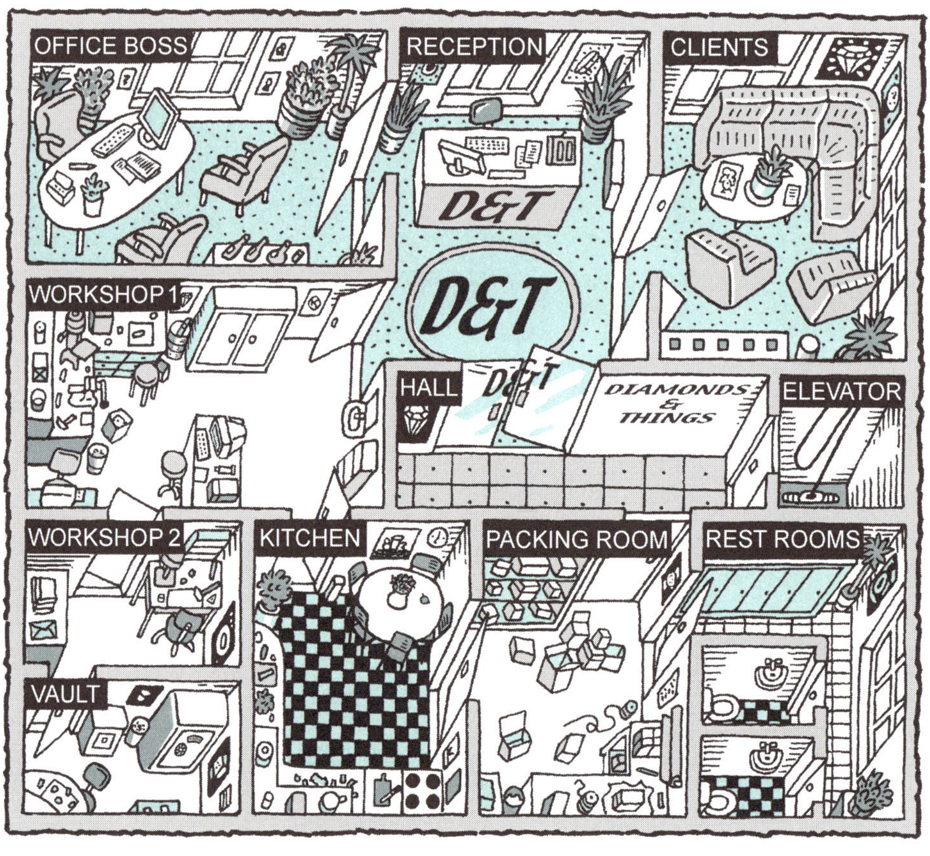

Pepper auf den Kopf setzt. Gitta versteht sofort, was er vorhat: Pepper soll mit der Kamera einige Aufnahmen machen. Auf dem Bildschirm des Empfangsgerätes wird dann zu sehen sein, wo sich die Mazzillis aufhalten.
Pepper schwingt sich hinauf in die 38. Etage. Durch die Öffnung einer Klimaanlage gelangt er in die Büros von *Diamonds & Things* – eine Firma, die Diamanten einkauft, sie zu Schmuck verarbeitet und diesen an Händler weiterverkauft. Außerdem handelt sie mit wertvollen Uhren.
So früh am Morgen ist noch kein Mitarbeiter in der Firma. Pepper watschelt und fliegt durch die vielen Räume.
Kalle, Gitta und Dr. Fletchstone können auf dem Empfangsgerät Details sehen, die Pepper mit der Kamera aufnimmt.
Von welchen Räumen sehen sie Details und in welchem schlagen die Mazzillis gerade wieder zu?

1 A plant in the corner.
2 A box on the table.
3 A big sofa.
4 A table with chairs.
5 A trash can.
6 A work-table.
7 The front desk.
8 A tile floor.
9 Oh, there they are!

Die Kerle sind Profis

Kalle, Gitta und Dr. Fletchstone stürmen in die Eingangshalle des Gebäudes. Sie verständigen die Herren an der Empfangstheke, an der sich jeder Besuch anmelden muss, dass sie möglichst schnell in die Räume von *Diamond & Things* müssen. Diesmal wollen Kalle und Gitta die Sache geschickter anstellen. Sie benutzen nicht den Lift, sondern die Treppen, um die Mazzillis zu überraschen. Aber erst mal müssen die endlosen Stufen ins 38. Stockwerk geschafft werden!

Doch welche Enttäuschung! Wieder sind die Mazzillis rechtzeitig getürmt. Offenbar nutzten sie den Aufzug bis hinauf in die 50. Etage und gelangten dann über die Treppen bis aufs Dach. Dort wartete schon ein Helikopter auf die Gauner. Kalle, Gitta und Dr. Fletchstone können nur noch staunen, als der Hubschrauber mit den lachenden Schurken vor dem Fenster noch eine Runde dreht.

»Heilige Bohnen, wir sind wieder zu spät. Diese Gauner sind Profis«, übersetzt Gitta den frustrierten Dr. Fletchstone.

Wie haben die Mazzillis die Freunde diesmal überlistet?

HOLLYWOOD
HOME
NEW YORK
DTV BOOKS
HX 212
55
Holy beans! Missed again. These crooks are professionals!

Gee, all diamonds, jewelry and watches are gone!
SORRY, TOO LATE AGAIN
THE MAZZILLIS
Alles weg! Diamanten, Schmuck und Uhren!
GOLDEN RINGS
DIAMONDS ANTWERPEN
FINE WATCHES
SWISS MADE
JOE'S GIANT BURGERS FLATBUSH AVE. BROOKLYN
Jewelry from Asia
JOE'S GIANT BURGERS
BRACELETS
18 CARAT
DIAMOND BROOCHES
Bolex Watch
MILLER'S JEWELRY
THOBB'S PRECIOUS DIAMONDS
M&N
NICE THINGS FROM M&N
GOLD

Lauter leere Schachteln

Bei *Diamonds & Things* sind noch immer keine Angestellten eingetroffen. Die Detektive und Dr. Fletchstone schauen sich im Tresorraum um. Wie erwartet, ist der Safe ausgeräumt. Dr. Fletchstone stellt fest, dass alle Diamanten, Schmuckstücke und Uhren weg sind.
Der Boden ist mit unzähligen leeren Diamantenkartons, Schmuckschachteln und Uhrenetuis übersät. Und natürlich fehlt auch der gewohnte Spruch an der Safetür nicht.
»Leider wieder zu spät!«, übersetzt Gitta entnervt.
»Wie sollen wir den dreisten Diamantendieben nur das Handwerk legen?«, fragt Kalle ratlos.
Gitta aber hat etwas entdeckt. »Moment mal. Das kann uns vielleicht weiterhelfen«, schmunzelt sie. »Ich denke, ich weiß, wo wir ihre Spur möglicherweise weiterverfolgen können!«
Was hat Gitta entdeckt und wo könnten die Gauner anzutreffen sein?

Peppers große Stunde

Dank Betty und ihrem Auto stehen die Freunde kurze Zeit später vor *Joe's Giant Burgers Restaurant* mitten in Brooklyn. Und sie haben Glück! Joe kennt die Mazzillis tatsächlich als gute Kunden! Es ist also nur eine Frage der Zeit, dass sie wieder bei ihm auftauchen. Also müssen sie das Lokal unauffällig im Auge behalten. Aber wie? Gitta hat die rettende Idee: »Wir verstecken Pepper mit der Minikamera im Lokal!« Pepper bezieht seinen Posten hinter einem Blumentopf, während die Freunde draußen auf das Empfangsgerät starren. Schon bald sehen sie auf dem Bildschirm, dass die Mazzillis in feinen Anzügen und leuchtend roten Krawatten das Lokal betreten. Nur Sue fehlt.

»Na prima! Genau um …«, freut sich Kalle, dann stockt er. »Verflixt, wie spät ist es denn?«

Gitta weist ratlos auf den Bildschirm mit dem Blick ins Lokal: »Wir haben sechs Möglichkeiten: 9:00, 9:25, 10:00, 10:30, 10:45 oder 11:15 Uhr!«

Wie spät ist es wirklich?

10 o'clock
Morning News
10:00
JOE'S GIANT BURGERS
ITALY
PALERMO
COOL
REST ROOMS

T TOOTHBRUSHES
MR. DUCK IS HERE!
TOPPSY COMES TO TOWN
DO YOU LIKE HOT CHOCOLATE?
ARE THESE YOUR FRIENDS?
THE MOVIE
ANNUAL STREET FAIR
MAY 6th THROUGH MAY 11th
Aren't you ready for a vacation?
rld Travel
shoes
FOOT-WEAR
Hmmm... Is she wearing a wig?
Look, I don't have time! What do you want?
KING'S VEGETABLES
KIDS WEAR
MARKET
fresh fruits
ORANGES
LEEK
LETTUCE
BANANA
5

Dicht auf den Fersen

Die drei Mazzillis bestellen natürlich Joe's berühmte Hamburger. Sie scheinen ungeduldig zu sein und blicken sich ständig um. Wahrscheinlich warten sie auf Sue, die vierte im Bunde. Nach ihrer Mahlzeit verlassen sie das Restaurant sofort.

»Jetzt brauchen wir ihnen nur zu folgen«, freut sich Gitta.

Die drei Gauner gehen eine belebte Straße hinunter. Plötzlich staunt Kalle. In der Menge gleich vor ihnen ist ihm eine Frau aufgefallen, die Sue, der Dame der Mazzillis, sehr ähnlich sieht. Nur … hat sie blonde Haare!

»Vielleicht will sie sich unkenntlich machen, weil wir ihr und ihren Kumpels auf die Schliche gekommen sind? Wie wäre es, wenn ich ihr ein wenig auf den Zahn fühlen würde?«, schaltet sich Betty ein. »Dann werden wir bald wissen, ob sie Sue ist. Die Mazzillis kennen mich ja noch nicht, also wird Sue keinen Verdacht schöpfen.«

Betty geht auf die Verdächtige zu und spricht sie auf die Mazzillis an. Aber Sue tut, als wüsste sie nicht, was Betty von ihr will: *»What the heck do you mean? I don't understand!«*, schnauzt sie. Betty bleibt ruhig. Sie meine die drei Herren mit den feinen Krawatten, erwidert sie höflich. Sues Freunde!

»Which three men?«, faucht die Dame zurück. Sie kenne keine drei Herren mit dem Namen Mazzilli. Im Übrigen habe sie es eilig. Bevor sie in der Menschenmenge verschwindet, schnaubt sie noch, man möge sie gefälligst in Ruhe lassen mit Fragen nach solchen Männern, auch wenn sie noch so feine rote Krawatten trügen. Und weg ist sie.

Für Betty aber ist klar, dass die Dame nur Sue sein kann.

Weshalb ist sich Betty so sicher?

Ab in die Unterwelt

Aus sicherer Entfernung stellen die Freunde fest, dass sich Sue in kürzester Zeit zu den drei Herren gesellt. Doch da fängt Pepper ein großes Spektakel an. Dank seiner Warnung sehen sie gerade noch rechtzeitig, wie die Mazzillis die Treppe zu einer U-Bahn-Station hinab verschwinden.

Rasch folgen die Detektive, Betty und Dr. Fletchstone den Gaunern in die *subway*. Unten auf dem Bahnsteig flüstert Gitta aufgeregt: »Donnerwetter, die wollen gar nicht mit der *subway* fahren.«

Die Mazzillis steigen nämlich am Ende des Bahnsteigs auf die Gleise und verschwinden im Tunnel!

»Los, hinterher!«, zischt Kalle.

Schnell stolpern sie auf den Steinen entlang den Gleisen durch den finsteren Tunnel. Doch es ist wie verhext: Die Mazzillis sind wie vom Erdboden verschluckt! Ratlos schauen die Freunde sich um. In der Dämmerung des Tunnels erkennen sie alle zehn Meter eine Eisentür. Insgesamt sind es sechs. Sie sehen alle verriegelt aus und an jeder hängt ein Warnschild.

»Ich bin sicher, die sind durch eine dieser Türen geflüchtet. Aber durch welche?«, kombiniert Kalle.

Die Warnschilder erfordern einige Englischkenntnisse. Da ist Betty gefragt! Sie liest die Schilder und schaut sich die Türen an. Dann schmunzelt sie: »Es gibt nur eine Tür, die sich wirklich gefahrlos öffnen lässt.«

Das hat Gitta inzwischen auch herausgefunden – allerdings ohne die Schilder zu lesen.

Hinter welcher Tür sind die Gauner verschwunden?

DANGER
DO NOT
ENTER!
STOP!
HIGH
VOLTAGE
SUPPLIES
KEEP OUT!
BURST
PIPE!!
NO
ADMITTANCE
NO ENTRY
OIL
SPILL!

Im Bauch der *subway*

Die Sache wird allmählich zu heiß für Kalle und Gitta. Noch weiter in die geheimen Gänge der U-Bahn einzudringen, das trauen sie sich nur in Begleitung von *police chief* Benson und seinen Leuten. Zum Glück hat Betty ihm schon Bescheid gegeben, wo sie stecken und was vorgefallen ist. Gemeinsam gelangen sie über einen rostigen Eisensteg und zahllose Treppen in finstere Gänge. Es zischt und donnert, wenn irgendwo in der Nähe ein Zug durchbraust. Vor lauter Lärm kann man sein eigenes Wort nicht verstehen. Dennoch rufen alle aufgeregt durcheinander. Was?

Vorbei an Schläuchen, Kabeln und dampfenden Röhren erreichen sie endlich eine weitere Eisentür. Sie führt in einen hell erleuchteten Raum.

Die Detektive schauen sich staunend um.

»Scheint ein Lagerraum zu sein!«, sagt Kalle.

»Wenn die Mazzillis hier waren, dann sind sie bereits wieder ausgeflogen!«, brummt Gitta.

In diesem Augenblick kreischt Pepper aufgeregt etwas auf Englisch.

»Er hat etwas entdeckt!«, lacht Betty. »Ein Beweis, dass die Mazzillis hier waren.«

Was hat Pepper entdeckt?

Flucht nach oben

»Klar wie Bohnensuppe«, freut sich Kalle. »Das ist das heimliche Versteck der Gauner. Seht mal hier …!« In den Händen hält er zwei Kisten mit Schmuck, Diamanten und Uhren. Sie finden sogar noch weitere Behälter, die bis zum Rand mit Schmuck gefüllt sind. Die Kerle haben offenbar ihre gesamte Beute hier zwischengelagert!

Benson schmunzelt erfreut, als er den wertvollen Fund sieht.

Aber es wird noch besser. Die Gauner haben nämlich vor lauter Eile ihren Terminkalender in dem Versteck liegen gelassen. Kalle öffnet ihn und staunt: Die Gauner haben offenbar ein dichtes Programm! Bereits für den kommenden Montag planen die Gauner ihren nächsten Einbruch: bei *Glow & Shine Jewelers*. Am Mittwoch muss Chuck zum Zahnarzt, am Freitag darauf wollen sie dem Juwelenmuseum einen Besuch abstatten. Dazu wird es wohl nicht mehr kommen, denn bis dahin sitzen die vier Mazzillis vermutlich längst hinter Gittern!

Aber nur, wenn die Freunde sie jetzt schnappen! Gitta mahnt zur Eile. Sie ist inzwischen die Eisenleiter an der Wand emporgeklettert und hat den Fluchtweg der Mazzillis entdeckt. Aufgeregt ruft sie: »Über diese Sprossen sind sie abgehauen. Der Verschlussdeckel ist noch etwas geöffnet. Los, hinterher!«

Die anderen folgen sofort – alle, außer Dr. Fletchstone. Er lacht und ist völlig aufgelöst. Er hat nämlich soeben eine für ihn äußerst erfreuliche Entdeckung gemacht.

Weshalb freut sich Dr. Fletchstone?

MAY
6
SUNDAY
× Glow & Shine
Jewelers
7
MONDAY
day off!
TUESDAY
10AM
Chuck
dentist
9
WEDNESDAY
MAY
10
THURSDAY
× Museum
of Jewels
11
FRIDAY
12 call mom!!
SATURDAY
13
SUNDAY

Endlich rechtzeitig

Kalle, Gitta und ihre Begleiter klettern die Eisenstufen hoch und zwängen sich durch die enge Öffnung in der Decke. Sie landen in einem Schacht, der sie zu einer anderen *sub-way*-Station führt.

»Die wollen mit der *subway* verduften«, ruft Kalle entsetzt.

Tatsächlich sehen sie, wie die Mazzillis auf dem Bahnsteig in die eben eingefahrene *subway* steigen. Sie mischen sich schnell unter die vielen Passagiere im Wagen, während die Türen hinter ihnen zugehen.

Das darf doch nicht wahr sein! Aber *police chief* Benson behält die Ruhe. Er zückt sein Funkgerät und weist die *subway*-Leitstelle an, den Zug sofort zu stoppen und die Türen unter keinen Umständen zu öffnen.
Kalle und Gitta können durch die etwas geöffneten Oberfenster hören, wie die verblüfften Fahrgäste wild durcheinanderrufen. Betty lacht, sie hört die Ausrufe und kann genau sagen, wo sich jeder der vier Mazzillis in der Menge versteckt. Dazu braucht sie weder *Spy Eye* noch eine andere von Dr. Fletchstones Erfindungen. Und eins ist gewiss: Diesmal werden die Mazzillis der Polizei nicht entgehen!
Welche Ausrufe stammen von den vier Mazzillis?

BALL

3. Fall
Was ist los mit Jack Noodle?

Baseball ist der Nationalsport der Amerikaner. Schon die Kleinsten lieben dieses Schlagballspiel. Die ganz großen Teams füllen mit ihren Spielen riesige Stadien mit mehreren Zehntausend Zuschauern.
Baseball wird mit zwei Mannschaften zu je neun Spielern gespielt. Man braucht dazu einen Schläger und einen Ball. Jede Mannschaft ist abwechselnd Schlag- und Fangpartei.
Natürlich gibt es beim Baseball berühmte Stars. Zum Beispiel Jack Noodle bei den *New York Bets*! Er gilt als einer der besten Spieler überhaupt. Kein anderer schlägt den Ball so weit über das Spielfeld wie er.
Auch dieses Wochenende erwarten die Fans voll Spannung Jacks großen Auftritt. Das Stadion ist ausverkauft. Nur dank ihrer guten Beziehungen zum Präsidenten der *NY Bets* hat Betty noch Karten für sich und ihren Besuch aus Europa ergattert. Doch es ist wie verhext. Der Star spielt wie ein Anfänger und bringt kaum einen Ball in die Luft. Betty ist entsetzt und auch Kalle und Gitta spüren: Da ist doch was faul! Aber was?

NY BE
NY BET
NY BET
NY BETS
BETS
NOODLE 5
Jack Noodle
The best righthander in the country!
NY BETS – LA BLODGERS
Game 25 · May 07

Ein Star versagt

Betty, Kalle und Gitta fiebern im voll besetzten Baseballstadion der Weltklassebegegnung zwischen den *NY Bets* und die *LA Blodgers* entgegen. Heute und morgen wird sich entscheiden, welche der beiden Mannschaften Sieger der Liga wird.

Die Spieler verteilen sich auf dem Spielfeld. An einer Hand trägt jeder einen großen Fanghandschuh. Die andere Hand ist frei, um den Ball so rasch wie möglich nach vorn werfen zu können. Das Publikum tobt vor Begeisterung. Der Star Jack Noodle tritt an, um den Ball zu schlagen. Doch als er den Ball treffen will, den ihm die gegnerische Mannschaft zuwirft, schwingt er den Schläger ziellos durch die Luft. Er verpasst jeden Ball und ist bereits nach drei Versuchen *out*.

»Das gibt's doch nicht«, schreit Betty. »Was ist denn mit Jack Noodle los? So spielt doch nur ein Anfänger. Schrecklich!«

Die Fans sind maßlos enttäuscht. Die *LA Blodgers* führen in kurzer Zeit 5:0. Kein Zweifel, sie werden das Spiel für sich entscheiden.

Bei seinem zweiten Auftritt scheitert Jack erneut. Erbost schreit Betty auf: *»Something is wrong here!«* Sie schaut zu Gitta und Kalle: »*Sorry!* Irgendetwas stimmt hier nicht, wollte ich sagen.« Sie stutzt und murmelt überrascht: »Seit wann schlägt Jack den Ball ...?« Was ist Betty aufgefallen?

Schwerer Verdacht

Betty ist ratlos. Wieso schlägt der Rechtshänder Jack plötzlich mit links? So werden die *NY Bets* verlieren! Und es kommt, wie es kommen muss. Auch am Sonntag spielt Jack wie ein Anfänger. Die *LA Blodgers* feiern ausgelassen ihren Sieg. Betty ist am Boden zerstört. Wie konnte das nur passieren? Kalle hat zwar keine Ahnung vom Baseball, aber einen handfesten Verdacht. Was ist, wenn Jack Noodle mit Absicht so schlecht gespielt hat? Vielleicht steckt er sogar mit den *LA Blodgers* unter einer Decke und wird für sein schlechtes Spiel von ihnen bezahlt?

Betty starrt ihn entgeistert an. Dann mahnt sie plötzlich zur Eile und spricht vor Aufregung schon wieder Englisch: »*We have to go to Bob Pinchley!*« Damit zieht sie Kalle und Gitta hinter sich her zum Büro des Präsidenten der *NY Bets*, Bob Pinchley.

In Pinchleys Büro herrscht dicke Luft. Keiner kann sich die Niederlage erklären. Betty redet wie wild auf Bob ein. Der ringt verzweifelt die Hände, erklärt aber, dass er niemanden kenne, der Kalles Verdacht beweisen kann. Da zeigt Betty auf Kalle und Gitta.

Kalle hat zwar nicht alles verstanden, worum es in dem Gespräch der beiden ging, aber eins weiß er ganz genau: Hier ist wirklich etwas oberfaul. Er springt auf und zischt leise: »Ich habe das Gefühl, dass uns jemand bespitzelt!«

Weshalb hat Kalle diesen Verdacht?

Hey Jack, you should take a vacation!
BETS
BETS
I would like to see Bob Pinchley.
PRESIDENT
NY BETS
BOB PINCHLEY
DO NOT DISTURB!
MICKEY BARREL
THE LEFTHANDER
BETS
1st
Well, how could you help us?
Baseball
SODA
LEMON

Eine seltsame Beobachtung

Präsident Bob Pinchley nimmt Betty und ihre Freunde mit in Jack Noodles Umkleidekabine. Dieser empfängt sie mürrisch und reagiert beleidigt, als sie ihn auf seine schlechte Tagesform ansprechen. Dass er an der Tür gelauscht habe, bestreitet er energisch. Sein schlechtes Spiel kann er sich selbst nicht erklären. *»Everyone has good days and bad days!«*, meint er schnippisch.

Als der Präsident vorsichtig seinen Bestechungsverdacht äußert, wird Jack Noodle knallrot im Gesicht.

»I don't know what you mean!«, erklärt er empört.

Betty flüstert zu Kalle und Gitta: Jack wisse nicht, was Bob meine.

Jack Noodle ist so wütend, dass er die Besucher auffordert, seine Kabine sofort zu verlassen.

Draußen blinzelt Gitta den anderen zu: »Meine Englischkenntnisse mögen nicht die besten sein, aber eins frage ich mich schon: Warum hat Jack seine eigenen fünf Regeln, gesund zu bleiben, völlig über den Haufen geworfen?«

Kalle blickt Gitta fragend an: »Welche fünf Regeln?«

Aber Bob Pinchley stimmt ihr zu. Mindestens drei seiner eigenen Regeln hat Jack gebrochen!

Wovon reden Gitta und Bob und welche Regeln hat Jack nicht beachtet?

JACK NOODLE
JACK NOODLE
BETS
FIVE RULES TO STAY HEALTHY
1. I only eat healthy food!
2. I don't smoke!
3. I don't like pickles!
4. I call my mother every day!
read books!
GOOD LUCK
Joe
BETS
CLASSIC
Cream
MIL

Kalle will es genau wissen

Kalle, Gitta und Betty sind sich einig: Irgendwas stimmt nicht mit dem Kerl! Sie sollten ihn beobachten! Also folgen sie ihm heimlich in Bettys Auto nach Hause. Die Wohnung des Baseballstars liegt im Nobelviertel an der 5. Avenue. Betty staunt nicht schlecht: Jack wohnt ausgerechnet in der Nr. 71, wo ihr Cousin Terry Hammer als Hausmeister arbeitet!

»Ich wüsste zu gern, wie es bei Jack zu Hause aussieht«, seufzt Betty. »Aber jetzt, da Jack so wütend auf uns ist, macht es wohl keinen Sinn, bei ihm aufzukreuzen!«
»Ich hätte da vielleicht eine Idee ...«, meldet sich Gitta. »Kalle könnte sich als Terry verkleiden und als Hausmeister in Jacks Wohnung gelangen!«
»Soll das ein Witz sein? Ich weiß doch nicht mal, wie dieser Terry aussieht!«
»Aber ich!«, grinst Betty. Und ich kenne einen Kostüm-Verleih hier in der Nähe, wo wir dich ausstaffieren können.«
»Nichts wie los – *let's go!*«, ruft Gitta. Im Kostüm-Verleih deckt sich Kalle nach Bettys Beschreibung ihres Cousins ein.
Welche Artikel benötigt er laut Betty?

MUSTACHES
EARS
BETS
WIGS
NOSES
COSTUME RENTAL
1
2
3
4
5
6
7
8
9
10
11
12
13
14
15
16
17
18
19
20
21
22
23
24
25
26
27
28
29
30
31
32
33
34
35
36
37
38
39
40
41
42
43
44
45
46
47
48
49
50
51
Terry has thick black hair.
He wears small, round sunglasses.
He wears a striped hat.
He wears an earring in his right ear.
Oh my goodness! He has a huge black mustache ...
Gee ... His nose is enormous!!!

Eine heiße Nummer

Kalle alias Terry klingelt bei Jack an der Tür. *»I have to check the watertaps«*, murmelt er mutig durch seinen großen Schnurrbart. Das hat er vorher mit Betty geübt. Hoffentlich glaubt ihm Jack, dass er die Wasserhähne kontrollieren will. Jack schöpft keinen Verdacht und lässt den vermeintlichen Hausmeister in seine Wohnung.

Kalle ist gut vorbereitet und hat eine Minikamera dabei. Weil er aber nicht genau weiß, wonach er eigentlich sucht, schießt er heimlich Bilder von allen möglichen Dingen. Vielleicht entdecken er und Gitta später gemeinsam etwas auf den Fotos, was er im Moment nicht sieht.

Auf den ersten Blick findet sich nichts in der Wohnung, was ihm Hinweise auf Jacks merkwürdiges Verhalten oder sein lausiges Baseballspiel geben würde. Während Kalle sich suchend umschaut, läutet das Telefon. Jack nimmt ab. Sofort zieht Kalle einen Schreibblock aus der Tasche, um zu notieren, was er hört. Doch zu dumm! Er hat ganz vergessen, dass Jack natürlich Englisch spricht. Verflixt, das ist zu schnell, Kalle versteht kaum ein Wort! Doch dann hat er eine Idee. Er schreibt die Wörter einfach genau so mit, wie er sie hört. Vielleicht wird Betty später schlau daraus?
Und tatsächlich: Betty liest später Kalles Gekritzel ohne Probleme:

OK, at six-thirty this evening, meet at the
waiting area at Grand Central Station
– and bring the money!

Wie lautet die Abmachung zwischen Jack und dem unbekannten Anrufer?

Which is which?

Während Gitta und Kalle Richtung *Grand Central Station*, dem großen Zentralbahnhof in Midtown, aufbrechen, soll Betty Kalles Film mit den Fotos aus Jacks Wohnung zum Entwickeln bringen. Anschließend wollen sie sich alle wieder in der Eingangshalle von Jacks Hochhaus treffen.
Betty kennt einen *One Hour Photo Service* in der Nähe. Schon in einer Stunde kann sie die fertigen Fotos mitnehmen. Ungeduldig wartet sie auf das Ergebnis. Zu gern hätte sie die Wohnung ihres Stars selbst gesehen. Stattdessen ist sie bisher nur auf Kalles Berichte angewiesen, aber bald wird sie wenigstens die Fotos betrachten können.
Doch wenn's eilt, können Fehler passieren! Als Betty die Fotos abholen will, gesteht die Dame vom Service, dass ihr einige Filme durcheinandergeraten seien. Sie wisse nun nicht mehr, welche Bilder zu Bettys Film gehören.
Betty ist ratlos. Sie kennt ja Kalles Aufnahmen nicht. Aber sie erinnert sich an seine Aufzählung, welche Bilder er bei Jack gemacht hat. Zusammen mit der Dame geht sie die Bilder durch. Zum Glück hat Betty ein gutes Gedächtnis: *»There was a sofa, a camera, a pair of shoes, a jar of pickles, two baseballs, a watch, sunglasses, two toothbrushes, a pair of scissors, gloves and a telephone.«*
Welche Fotos sind von Kalle?

A
B
C
D
E
F
G
H
I
J
K
L
PARIS
M
N
O
P
Q
R

Das mysteriöse Treffen

Um 18:30 Uhr warten Kalle und Gitta hinter einer Säule in der *Grand Central Station*. Sie halten Ausschau nach Jack. Doch das ist nicht leicht bei dieser Menschenmenge. Die Leute streben zu ihren Zügen. Andere sind eben angekommen und eilen Richtung *subway*. Kalle und Gitta harren aus und beobachten aufmerksam, was um sie herum geschieht.
»Da ist er!«, flüstert Gitta. Tatsächlich, beide sehen, wie Jack sich durch das Getümmel zwängt.

»Wir dürfen ihn nicht aus den Augen verlieren!«, zischt Kalle. Doch dummerweise passiert genau das!
»Dampfendes Kanonenrohr!«, schimpft Kalle, »wie sollen wir denn so herausfinden, mit wem er sich hier trifft?«
»Achtung, Objekt gesichtet!«, zwitschert Gitta. »Jack hat seinen Partner getroffen. Die beiden haben ihr Geschäft abgewickelt.« Sie hat nämlich vorher genau aufgepasst. »Da drüben geht Jack und dahinten macht sich der geheimnisvolle Anrufer aus dem Staub.«
Wo gehen Jack und der Fremde und was meint Gitta?

Der geheimnisvolle Fremde

Auch bei Kalle ist jetzt der Groschen gefallen! »Komm, folgen wir dem Kerl. Ich will wissen, wer er ist und was er und Jack miteinander zu tun haben!«

Vorsichtig schleichen sie dem geheimnisvollen Herrn nach. Draußen auf der 42. Straße winkt er ein Taxi heran. Kalle und Gitta schnappen sich ebenfalls eins. Mühsam machen sie dem Fahrer klar, dass er dem anderen Taxi folgen soll.

Die Fahrt geht nach Norden. *»They're going uptown«*, erklärt der Taxifahrer, während er dem Wagen vor ihm folgt.

Vor einem Restaurant am Broadway lässt der Unbekannte sein Taxi halten und verschwindet in der Eingangstür.

»That's the Blodgers Bar!«, lässt der Fahrer Kalle und Gitta wissen.

»Na, dann: Auf in die Hochburg der Gegner der *NY Bets*!«

Während Kalle das Taxi bezahlt, betritt Gitta bereits mutig das Lokal.

»Ziemlich düster! Hier versammeln sich also die Fans der *LA Blodgers*. Die ganze Bude ist ja Blodgers-verrückt«, lacht Kalle, als er nachkommt.

Sofort können sie den Fremden ausmachen. Er steht beim Telefon und erledigt einen Anruf.

»Scheint also ein *Blodgers*-Fan zu sein, der Herr!«, flüstert Gitta.

Kalle schaut sich im Lokal um. Plötzlich zuckt er zusammen: »Ach du dreihöckriges Dromedar! Dieser Kerl ist ein bisschen mehr als ein *Blodgers*-Fan. Er ist …« Weiter kommt Kalle nicht. Er ist völlig verblüfft.

Wer ist der Herr?

PRIVATE
What would you like to drink?
LA BLODGERS ORGANISATION
JO BLACK - CEO
DAN DELLER - COACH
LOU MOSS - MANAGER
J.J. BILL - PERSONNEL
BILL SOOL - SCOUT
RON GILL - ATTORNEY
MARY KLEIN - ADM.
J.J. Bill
Lou Moss
The drinks are ready!
TELEPHONE
BLODGERS
Hello Joe. This is Lou ...
I'm having fun!
I'm just drinking one beer!
What's wrong with lemonade?
Cheers! To the LA Blodgers!
All I want is a glass of milk ...
RESERVED

Mister Moss, excuse me please ...
May we ask you some questions? Why did you meet Jack Noodle at Grand Central Station?
I collect all kinds of baseball stuff. It's a hobby of mine. I got this glove from Jack Noodle.
You gave him a lot of money for this glove, right?
CLASSIC
Yes, but actually this glove from Jack Noodle is worth a lot of money. Much more than what I payed him!
CLASSIC

Sammler oder Betrüger?

Kalle und Gitta treten zu Lou Moss. Sie versuchen ihr Glück auf Englisch und fragen höflich, ob sie dem Präsidenten ein paar Fragen stellen dürfen, die ihn und seine Begegnung mit Jack am Bahnhof betreffen.

Mr Moss hat eine Erklärung, die zunächst ganz einleuchtend erscheint: Er sammle alles, was mit Baseball zu tun habe. Das sei sein Hobby. Stolz zieht er einen Baseballhandschuh aus einer Verpackung und erklärt, das sei der Handschuh von Jack Noodle.

Gitta stutzt kurz und fragt dann, ob er viel dafür bezahlt habe.

Offenbar denkt Mr Moss, dass er bei der Sache ein gutes Geschäft gemacht hat, denn er versichert, dass der Handschuh noch viel mehr wert sei, als er dafür ausgegeben habe. Anschließend nimmt er seinen Handschuh und verschwindet.

»Tja, viel kann man nicht dagegen sagen. Einen Handschuh von einem so berühmten Spieler würde sogar ich sammeln!«, lacht Kalle.

Aber Gitta scheint gar nicht hinzuhören. Ihr gefällt das Ganze nicht. »Da ist doch was faul«, murmelt sie. »Ich glaube, der Kerl hat uns schön reingelegt. Wenn er unbedingt einen Handschuh von Jack Noodle in seiner Sammlung haben will, wieso kauft er dann für viel Geld diesen Handschuh, der eigentlich gar nicht von Jack sein kann?«

Warum weiß Gitta, dass es nicht Jacks Handschuh sein kann?

Operation Pepper

Kalle und Gitta sind sich sicher: Der Handel war nur ein Trick. In Wirklichkeit machen Jack und Moss gemeinsame Sache! Sicher steckt in Jacks Umschlag die Belohnung für sein schlechtes Spiel, dem die *LA Blodgers* ihren Sieg verdanken! Aber um das zu beweisen, brauchen sie den Umschlag. Fragt sich nur: Wo hat Jack ihn versteckt und wie kommen sie daran? Ratlos kehren die beiden Detektive in die Eingangshalle der Nr. 71 zurück, wo Betty sie bereits aufgeregt erwartet. Sie hat beobachtet, wie Jack mit dem Umschlag heimkam und mit ihm in den Aufzug stieg! Für heute ist es allerdings zu spät für weitere Nachforschungen.
Am nächsten Morgen um kurz vor neun sind alle drei wieder vor Ort, oder besser gesagt: alle vier, denn Betty hat darauf bestanden, Pepper mitzunehmen. Der soll ihr helfen, in die Wohnung zu kommen, um nach dem Umschlag zu fahnden.
»Lasst mich nur machen!«, grinst sie Kalle und Gitta zu.
In der Eingangshalle warten bereits Besucher und Service-Leute auf den Aufzug. Alle mussten sich zuvor beim Empfang anmelden, denn ohne das kommt keiner ins Haus. Betty flüstert: »Okay, in fünf Minuten geht's los!«
Tatsächlich! Fünf Minuten später klingelt das Telefon am Empfang. Der Portier nimmt den Hörer ab. Es ist Jack! Offenbar hat sich ein Papagei in seine Wohnung verirrt! Jack verlangt, dass sofort jemand kommt und ihn einfängt. In diesem Moment stürzt Betty herbei und fragt aufgeregt, ob jemand ihren Papagei gesehen habe. Der Portier nickt und schickt Betty in den 47. Stock. Grinsend steigt sie in den Aufzug.
Wie ist Pepper in Jacks Wohnung gelangt?

5
KEN'S DELI
KEN'S DELI
TIMES
DELI
Wednesday, May 9th.
chwarzer
ocksmith
pipes
Thursday, May 10th.
6:00 Garbage
6:30 Plumber
6:45 Miss Fry picks up laundry
7:00 Mr Sokol -Taxi
7:20 Henley, dog walker for Ms Miller
8:05 Delivery for Mr and Ms Stern
8:50 Ambulance for Mr Frank
9:00 Ms Miro, housekeeper: J. Noodle
9:00 Dr. Scholl for Mrs Hoffman
9:00 Bill, janitor

Eine unheimliche Entdeckung

Betty fährt mit dem Fahrstuhl nach oben. Als ihr Mira, Jacks Haushälterin, öffnet, flattert Pepper laut kreischend in Jacks Wohnung herum. Jack, der Betty bereits aus seiner Spielerkabine kennt, schreit sofort los, dass sie ihn gefälligst von diesem wild gewordenen Vogel befreien soll.
»Oh, it's you again! Get rid of this crazy bird!«
Betty entschuldigt sich. Ihr Papagei sei ihr plötzlich von der Schulter geflogen. Warum er es gerade auf Jacks Wohnung abgesehen habe, sei ihr schleierhaft! Als Pepper schließlich brav auf ihrer Schulter sitzt, gibt Betty sich als glühender Jack-Noodle-Fan zu erkennen und bittet überaus höflich, ob sie die Wohnung ihres Stars sehen dürfe. Mira lässt sich erweichen und zeigt ihr auch die anderen Zimmer. Aber so genau Betty auch schaut: Sie kann den Umschlag nirgends finden.
Über Funk meldet sie heimlich ihre Beobachtungen an Gitta und Kalle unten in der Empfangshalle. »Das habe ich alles auch schon als Hausmeister gesehen!«, murmelt Kalle enttäuscht.
Doch plötzlich klingt Bettys Stimme aufgeregter. Schließlich schreit sie fast ins Funkgerät.
»Da stimmt was nicht! Wir müssen rauf! Betty braucht unsere Hilfe!«, ruft Gitta.
»Wir kommen sofort«, meldet sich Kalle.
Bevor sie zum Fahrstuhl eilen, fordert Kalle die Herren vom Empfang auf, *police chief* Benson zu alarmieren. *»He should come to Jack Noodle's apartment immediately, it's urgent!«*
Was hat Betty laut ihrer Durchsagen entdeckt?

BASE BALL
Ok, I'm in Jack's livingroom.
Here we have a trash basket.
There is a baseball game on TV.
Here is a black piano.
The painting on the wall is titled: "On the Moon".
Jack Noodle seems to be quite nervous.
Jack is running towards a door in the corner.
What! - Someone is banging at the door!
Heavens, someone is locked up in there!!!

Die perfekte Überraschung!

Kalle und Gitta stürmen in Jacks Wohnung. Kurz darauf ist auch die Polizei vor Ort. Jetzt hören es alle: Jemand hämmert von der anderen Seite gegen eine Tür. Aber die ist verschlossen und davor steht Jack Noodle und will den Weg nicht frei machen. Erst auf Bensons Anweisung ist er bereit aufzuschließen. »Was zum Donnerwetter ist denn das?«, staunt Kalle.

Aus dem Raum tritt ... noch ein Jack Noodle! Was dann folgt, verstehen Kalle und Betty bestenfalls zur Hälfte. Ungeduldig warten sie, dass Betty übersetzt, was los ist. Die Geschichte klingt ziemlich unglaublich: Jack ist schon seit Tagen in dem Zimmer eingeschlossen. Schuld daran ist der andere Jack, der in Wirklichkeit dessen Zwillingsbruder Toni ist. Der hat seinen Bruder mit einem Schlafmittel außer Gefecht gesetzt und ist dann als Jack aufs Baseballfeld gegangen. Er wollte endlich auch einmal ein Star sein. Zu dumm nur, dass er kein Baseball spielen kann. Stattdessen hat er den schmutzigen Deal mit dem Präsidenten der *Blodgers* abgeschlossen.

»Jetzt fehlt uns nur noch der Umschlag mit dem Geld«, sagt Kalle nüchtern.

»Kein Problem«, grinst Betty, »Pepper hat ihn schon entdeckt!« Stolz blickt sie auf ihren Vogel.

Damit ist die Karriere des linkshändigen Baseballspielers Toni Noodle ebenso schnell beendet, wie sie begann. Und das nächste Mal werden Kalle und Gitta den echten Noodle spielen sehen, wie ihnen der Baseball-Star dankbar verspricht.

»Danken Sie lieber Pepper und Betty«, grinst Kalle.

Wo hat Toni das Geld versteckt?

Eine Schwäche für *donuts*!

8 Aufregung bei *Pupmkin Donuts:* Die Diebe haben nur die süßen Kringel mitgenommen, die würzigen *pepper donuts* haben sie liegen gelassen.

11 Eine Macke als Beweis: Unter dem Tisch links liegt ein Lollipop – wie Chubby sie laut Zeitungsausschnitt ständig schleckt.

12 Ein wichtiger Fund: Hinter dem Vorhang hängt Sticky Longleys sehr langes Hemd mit den Initialen S. L. und ein sehr kurzes, breites mit den Initialen L. CH. für Little Chubby.

14 *Grandma* Rosie: Die Adresse der beiden lautet: 9 Ost 1. Straße. Die Straßen in New York sind waagerecht und senkrecht angelegt und entsprechend benannt. Gegen Norden schauend, also stadtaufwärts, sind alle Straßen links von der 5. Avenue mit *west* – westlich, alle rechts mit *east* – östlich bezeichnet.

16 Knapp verpasst!: Bevor die beiden Gauner abgehauen sind, haben sie noch die Katze mit frischem Futter versorgt. Die Katzenteller sind noch unberührt, die Katze schläft zufrieden unter dem Sessel.

18 Heiße Ware an Bord!: DONUTS.

20 Pepper behält den Überblick: Longley und Chubby sitzen in einem Wagen rechts unten auf der Achterbahn.

22 Auf dem *roller coaster:* Der Satz lautet: *Watch out, they are jumping off the roller coaster.* Tatsächlich! Man sieht, wie die zwei gerade aus dem Wagen springen.

24 **Die verflixte Geisterbahn:** Die Fahrt geht vorbei an dem Bären, dem Wassereimer, der Glocke, am Hund, am Löwen, am Sack, der herunterfällt, am Monster, am Hammer, am Trompetenspieler und an der kreischenden Person. Sie landen im kleinen Raum in der rechten unteren Ecke.

26 ***Rushhour:*** Longley und Chubby haben ihren Lieferwagen an der linken Ecke des Lebensmittelladens *(groceries)* abgestellt.

28 **Rosie fällt aus allen Wolken:** Pepper hat einen Lollipop im Schnabel. Lollipop ist auch das Lösungswort des Kreuzworträtsels.

31 **Harte Fakten!:** Kalle hat eine *donut*-Schachtel gefunden, die mit *Pumpkin Donuts* beschriftet ist. Gitta hat ausgerechnet den *donut* erwischt, in dem die Goldmünze eingebacken ist.

Spy Eye, die Wundermaschine

34 ***Spy Eye* verschwindet:** Die vier Verdächtigen sind Jerry, Stan, Chuck and Sue.

36 **Noch eine geniale Erfindung:** Die Mazzillis haben sich auf der *America* versteckt.

38 **Eine Mücke zu spät!:** Der nächste Einbruch ist bei *Diamonds & Things* geplant.

40 **Es geht erst richtig los!:** Die Ausschnitte stammen aus folgenden Räumen: 1: OFFICE BOSS, 2: PACKING ROOM, 3: CLIENTS, 4: KITCHEN, 5: WORKSHOP 1, 6: WORKSHOP 2, 7: RECEPTION, 8: RESTROOMS, 9: VAULT. Dort, im Tresorraum, schlagen die Mazillis gerade wieder zu!

42 **Die Kerle sind Profis:** Sue hat in der Eingangshalle aufgepasst und die Mazzillis gewarnt. Im Lift ist sie dann gleich bis ganz nach oben gefahren und mit den anderen in den Helikopter gestiegen.

45 **Lauter leere Schachteln:** Unter den Schachteln liegt ein Karton von *Joe's Giant Burgers* und etwas weiter rechts ein Becher vom selben Restaurant. Dort vermutet Gitta, die Mazzillis wieder anzutreffen.

46 **Peppers große Stunde:** Nur der Fernseher mit den *10 o'clock Morning News* zeigt die richtige Zeit an. Nachrichten sind immer pünktlich.

49 **Dicht auf den Fersen:** Betty hat nur von »feinen« Krawatten gesprochen. Sue hat sich verraten, als sie erwähnt, dass die Krawatten rot sind. Davon war in dem Gespräch nicht die Rede.

50 **Ab in die Unterwelt:** Nur die Tür mit der Aufschrift *Supplies* ist ungefährlich. Hier werden nur Vorräte gelagert. Gitta hat festgestellt, dass es zugleich die einzige Tür ist, die die Gauner von innen hinter sich wieder so verschließen konnten, wie die Freunde sie jetzt vorfinden.

53 **Im Bauch der *subway*:** Die Freunde rufen: *Watch out! It's dark here! Where are they? Hurry, this way. Here ist a tunnel!* und: *Do you see anything?*
Im Lagerraum hat Pepper hinten auf dem Tisch die karierte Mütze entdeckt, die Stan im Restaurant trug.

54 **Flucht nach oben!:** Dr. Fletchstone hat hinten im Regal sein *Spy Eye* entdeckt.

56 **Endlich rechtzeitig:** Folgende Ausrufe verraten die Mazzillis:
Police! We're finshed!
Blast! Now we have to go to jail!
Oh no, it's all over. They're here!
Darn, we're trapped and can't get away…

Was ist los mit Jack Noodle?

61 **Ein Star versagt:** Jack ist Rechtshänder, wie es deutlich in dem Baseball-Magazin steht. Auf dem Spielfeld schlägt er den Ball aber mit links.

62 **Schwerer Verdacht:** Die Tür ist einen Spalt geöffnet und die Türklinke hinuntergedrückt.

64 **Eine seltsame Beobachtung:** Jack hat seine guten Vorsätze auf einem Poster links an der Wand aufgelistet. Dort steht, dass er nur gesunde Sachen isst, nicht raucht, keine Gurken mag, seine Mutter jeden Tag anrufen will und Bücher liest. Wieso finden sich dann eine angebrochene Tafel Schokolade und ein voller Aschenbecher und vor allem: Warum isst Jack Gurken?

66 **Kalle will es genau wissen:** Kalle braucht folgende Artikel, um wie Terry auszusehen: 4, 14, 22, 28, 39 und 44.

68 **Eine heiße Nummer:** Die Mitteilung lautet:
OK, um 18:30 abends treffen wir uns im Warteraum des Grand-Central-Bahnhofs – und bring das Geld mit!

70 ***Which is which?*:** Folgende Bilder gehören zu Kalles Aufnahmen: J, R, B, P, N, H, G, E, D, I und L.

72 **Das mysteriöse Treffen:** Im Bild links kommt Jack mit einem Paket von rechts in den Warteraum. Man kann den Fremden im oberen Drittel links im Bild mit einem Briefumschlag sehen.
Im Bild rechts geht Jack, jetzt mit dem Briefumschlag, am unteren Rand aus dem Bild. Der Fremde trägt das Paket und geht etwas weiter oben rechts.

74 **Der geheimnisvolle Fremde:** An der Wand bei der Bar hängen vier Porträts. Eines davon zeigt den Unbekannten. Sein Name ist Lou Moss. Man findet seinen Namen im großen Poster, wo Lou Moss als Manager der *LA Blodgers* aufgeführt wird.

77 Sammler oder Betrüger?: Der Handschuh ist für einen Linkshänder. Jack ist aber Rechtshänder.

78 Operation Pepper: Es ist 9:00 Uhr morgens. Im Terminplan des Journals des Empfangs wurde eben die Ankunft von Mira, Jacks Haushälterin, eingetragen. Pepper ist rasch in ihre Tragtasche geschlüpft, als sie am Aufzug wartet und so mit ihr in Jacks Wohnung gelangt.

80 Eine unheimliche Entdeckung: Bettys letzte zwei Durchsagen berichten, dass jemand gegen die Tür klopft. Offenbar ist er eingeschlossen!

83 Die perfekte Überraschung!: Pepper zeigt auf den geöffneten Schrank oben in der Galerie. Der Umschlag steckt zwischen zwei Anzügen.

Wörterverzeichnis

Auf nach Amerika

yes	ja
I	ich
you	du
he	er
she	sie
we	wir
you	ihr
they	sie
speak	sprechen
can	können
teach	lehren
police chief	Hauptinspektor
good luck	viel Glück!

Eine Schwäche für *donuts*

Aufregung bei *Pumpkin Donuts*

donuts	süße Gebäckringe
best	beste/s
town	Stadt
more	mehr
today's special	Spezialität von heute
bakery	Bäckerei
emergency exit	Notausgang
raisin	Rosine
orange	Orange
cream	Sahne
toasted	geröstet
apple	Apfel
plain	hier: einfach, ungefüllt
almond	Mandel
chocolate	Schokolade
vanilla	Vanille
custard	Creme
sprinkled	bestreut
cinnamon	Zimt
maple	Ahorn
lemon	Zitrone
pepper	Pfeffer

Eine Macke als Beweis

find the	finde die
golden coin	Goldmünze
checklist	Kontrollliste
baker	Bäcker
1st quality	1. Qualität
flour	Mehl
sugar	Zucker
milk	Milch
trash	Müll
I am ready	ich bin bereit
you are in time	du bist pünktlich
she or he is here	sie oder er ist hier
we are bakers	wir sind Bäcker
you are busy	ihr seid fleißig
they are	sie sind
butter	Butter
dough	Teig
nuts	Nüsse

Ein wichtiger Fund

laundry	Wäscherei, Reinigung
Chinese	chinesisch
one of them	einer von ihnen
tall	groß
skinny	dünn
the other	der andere
short	klein/kurz
heavy	schwer/dick
street	Straße

very wide	sehr breit
very tall	sehr lang
Avenue	Allee
left door	linke Tür
right door	rechte Tür
large	groß
small	klein
short	kurz
no entrance	kein Zutritt

Grandma Rosie

Grandma	Großmutter
we are looking for	wir suchen nach
my	mein
grandson	Enkel
live	leben/wohnen
downtown	unten in der Stadt
address	Adresse
one	eins
two	zwei
three	drei
four	vier
five	fünf
six	sechs
seven	sieben
eight	acht
nine	neun
ten	zehn
boys	Jungs
cookies	Plätzchen
north	Norden
south	Süden
west	Westen
east	Osten
screw	Schraube
cookies	Kekse

Knapp verpasst!

often	oft
drive	fahren
here	hier
with	mit
van	Lieferwagen
load	aufladen
box/es	Schachtel/n
leave	weggehen
a couple	einige
day/s	Tag/e
there is	da ist
a lot	viel
traffic	Autoverkehr
there aren't any	da sind keine
nameplates	Namenschilder
try	versuchen
your	dein/euer
that´s their	das ist ihre
apartment	Wohnung
over there	dort drüben
very	sehr
interesting	interessant
pears	Birnen
gallons	Gallonen
oil	Öl
gasoline	Benzin
tools	Werkzeug
up	oben
motorparts	Motorteile
new	neu

Heiße Ware an Bord!

these are	das sind
last	Letzte/r
left lane	linke Spur
right lane	rechte Spur
space	Platz
fresh	frisch
three for two	drei für zwei
no	nein
this isn´t	das ist nicht
next	nächste
letter	Buchstabe

Pepper behält den Überblick

I have	ich habe
you have	du hast
he/she has	er/sie hat
we have	wir haben
you have	ihr habt
they have	sie haben
stomach-ache	Bauchweh
sister	Schwester
black	schwarz
hair	Haare
sit down	sich setzen
day off	freier Tag
we have to be quiet	wir müssen still sein
pretty	hübsch
feathers	Federn

Auf dem *roller coaster*

roller coaster	Achterbahn
getting away	flüchten
watch out	aufgepasst!
jump	springen
they are jumping	sie springen (gerade jetzt)
off	weg von

Die verflixte Geisterbahn

haunted house	Geisterbahn
help!	Hilfe!
start	Start
bear	Bär
water	Wasser
bell	Glocke
loud	laut
Beware of dog	Vorsicht, Hund
must	muss
be	sein
lion	Löwe
a falling bag	ein herunter-fallender Sack
hammering	Hämmern
screechy	quietschend
music	Musik
ears	Ohren
map	Karte
down	unten
finish	Ziel

Rushhour

rushhour	Hauptverkehrszeit
let's	lass uns
bring	bringen
stuff	Dinge, Ware
who	wer
why	warum
name	Name
dream	Traum
books	Bücher
save	spare
men's fashion	Herrenmode
groceries	Lebensmittel
dentist	Zahnarzt

Rosie fällt aus allen Wolken

sorry	Verzeihung!
What's the matter?	Was ist los?
something	etwas
wrong	falsch
again	wieder
house	Haus
car	Auto
window	Fenster
cloud	Wolke
hat	Hut
knife	Messer
pickle	Essiggurke
table	Tisch
cat	Katze
shoe	Schuh
pears	Birnen
apple	Apfel

Harte Fakten!

Come out!	Komm/t heraus!
no	hier: keine
it must be	es muss sein
right?	hier: nicht wahr?
what	was/welche
colors	Farben
know	wissen/kennen
red	rot
yellow	gelb
blue	blau
black	schwarz
white	weiß
green	grün
orange	orange
TV chanels	Fernsehkanäle

Spy Eye, die Wundermaschine

Spy Eye	Spionauge

Spy Eye verschwindet

fragile	zerbrechlich
I can't	Ich kann nicht
my	mein
suitcase	Koffer
find	finden
excuse me	entschuldigen Sie mich
maybe	vielleicht
very big	sehr groß
nose	Nase
tooth	Zahn
missing	hier: fehlend
wear	tragen/anhaben
round	rund
glasses	Brille
tiny	winzig
hair	Haare
long	lang
moustache	Schnurrbart
pointy	spitz
beard	Bart
earrings	Ohrringe
sunglasses	Sonnenbrille
wild	wild

Noch eine geniale Erfindung

track	aufspüren
one of those	eines jener
ship	Schiff
there	dort
have to	müssen
go	gehen
up there	dort oben

Eine Mücke zu spät!

darn	verflixt!
signal	Signal
is getting	wird
weak/er	schwach/ schwächer
clear	klar
guys	Leute/Typen
aren't	sind nicht
beginner	Anfänger
certain	sicher
plans	Pläne
see you later	bis später
too late	zu spät
nothing	nichts
left	hier: übrig
safe	Tresor
just	nur
test	Test
love	lieben
diamonds	Diamanten
travelreport	Reisebericht
deliveries	Lieferungen
container	Container
silk	Seide
perfume	Parfum
watch	Armbanduhr
things	Dinge

ibs	Pfund
caviar	Kaviar
deli	Spezialitäten-geschäft

Es geht erst richtig los!

bring with you	mitbringen
office boss	Chefbüro
reception	Empfang
clients	Kunden
workshop	Arbeitsbereich/ Werkstatt
hall	Flur/Halle
elevator	Aufzug
kitchen	Küche
packing room	Packraum
rest rooms	Toiletten
vault	Tresorraum
plant	Pflanze
corner	Ecke
box	Schachtel/Kiste
sofa	Sofa
chairs	Stühle
trash can	Mülleimer
work-table	Arbeitstisch
front desk	Empfangstheke
tile floor	Plattenboden

Die Kerle sind Profis

good morning	Guten Morgen!
floor	hier: Stockwerk
fast	schnell
holy	heilig
beans	Bohnen
missed	verpasst
again	wieder
crooks	Gauner
professionals	Profis

Lauter leere Schachteln

gee	Mensch! Mann!
jewelry	Juwelen
are gone	sind weg
fine watches	edle Uhren
ring	Ring
wedding	Hochzeit
broches	Broschen
bracelet	Armband
giant	riesig
pearls	Perlen
burger	Hamburger

Peppers große Stunde

10 o'clock	10 Uhr
morning news	Morgen-nachrichten

Dicht auf den Fersen

what the heck	was zum Kuckuck
mean	meinen
understand	verstehen
wich	welche,r,s
men	Männer
toothbrushes	Zahnbürsten
ready	bereit
vacation	Urlaub
vegetables	Gemüse
fruits	Früchte
oranges	Orangen
leek	Lauch
lettuce	Salat
lemons	Zitronen
bananas	Bananen
market	Markt
annual	jährlich
street fair	Straßenfest
through	bis/durch
wig	Perücke
I don't have time	ich habe keine Zeit
want	wollen
friends	Freunde
movie	Film

footwear	Schuhe, Turnschuhe etc.
kids wear	Kinderkleidung

Ab in die Unterwelt

subway	U-Bahn
danger	Gefahr
do not enter	kein Zutritt
stop	stopp
high voltage	Hochspannung
supplies	Versorgungs-, Gebrauchsgüter
keep out	bleib draußen
burst pipe	gebrochene Leitung
no admittance	kein Zutritt
no entry	kein Eingang
oil spill	Öllache

Im Bauch der *subway*

dark	dunkel
hurry	beeilen
tunnel	Tunnel
see	sehen
anything	(irgend)etwas
hat	Hut
over there	dort drüben

Flucht nach oben!

jeweler	Schmuckhändler
may	Mai
sunday	Sonntag
monday	Montag
tuesday	Dienstag
wednesday	Mittwoch
thursday	Donnerstag
friday	Freitag
saturday	Samstag
museum	Museum
jewels	Juwelen
dentist	Zahnarzt
call	anrufen
mom	Mutter

Endlich rechtzeitig

What's the matter?	Was ist los?
hot	heiß
in here	hier drinnen
open	öffnen
doors	Türen
finished	fertig/am Ende
something	etwas
jail	Gefängnis
bad	schlecht
I'm going to be late	Ich werde zu spät kommen
hate	hassen
could you	könntest du/Sie
get off	herunter-, weggehen
foot	Fuß
all over	alles vorbei, überall
problem	Problem
office	Büro
bag	Tasche
pardon me	Verzeihen Sie mir
trapped	eingeschlossen
get away	weg-, fortgehen
bag	Tasche

Was ist los mit Jack Noodle?

Einführung

baseball	Schlagball

Ein Star vesagt

out	aus
best	bester
righthander	Rechtshänder
country	Land
game	Spiel

Schwerer Verdacht

should	sollen
vacation	Urlaub
I would like	ich würde gern

see	sehen
do not disturb	nicht stören
lefthander	Linkshänder
well	gut
could	könnte

Eine seltsame Beobachtung

everyone	jeder
good days	gute Tage
bad days	schlechte Tage
mean	meinen
good luck	viel Glück
rules	Regeln
stay healthy	gesund bleiben
only	nur
eat	essen
healthy food	gesundes Essen
smoke	rauchen
like	mögen
pickles	Essiggurken
mother	Mutter
every day	jeden Tag
read	lesen
book	Buch
cream	Creme

Kalle will es genau wissen

costume rental	Kostümverleih
thick	dick, dicht
wear	tragen, anhaben
earring	Ohrring
striped	gestreift
Oh my goodness	ach du meine Güte
huge	riesig
mustache	Schnurrbart
enormous	enorm

Eine heiße Nummer

check	kontrollieren
watertaps	Wasserhähne
six-thirty	halb sieben
this evening	heute Abend
meet	treffen
waiting area	Warteraum
station	Bahnhof
bring	bringen
money	Geld

Which is which?

which is which	hier: welches ist welches?
hour	Stunde
camera	Kamera
a pair of shoes	ein Paar Schuhe
a jar of pickles	Essiggurkenglas
a pair of scissors	Schere
gloves	Handschuhe
telephone	Telefon

Das mysteriöse Treffen

train	Zug
is departing	abfahren
minutes	Minuten
last call	letzter Aufruf
passengers	Passagiere
leaving	verlassen
delayed	verspätet
all	alle
please	bitte
board	einsteigen, sich begeben
is arriving	ankommen
track	Bahnsteig
change	hier: umsteigen

Der geheimnisvolle Fremde

uptown	oberer Stadtteil
private	privat
I would like	ich würde gerne
drink	trinken
drinks	Getränke
CEO (Chief executive officer)	Generaldirektor
coach	Trainer

scout	hier: Talentsucher
attorney	Bevollmächtigter
I'm having fun	ich habe Spaß
hello	hallo
beer	Bier
lemonade	Limonade
cheers	zum Wohl
glass of milk	Glas Milch

Sammler oder Betrüger?

Mister	Herr
may	dürfen
ask	fragen
some	einige
questions	Fragen
why	warum
meet	treffen
collect	sammeln
all kinds	verschiedene Arten
of mine	von mir
got	erhielt
glove	Handschuh
gave	gab
right?	hier: nicht wahr?
but	aber
actually	eigentlich
is worth	hat Wert
a lot of money	viel Geld
much more	viel mehr
than	als
payed	bezahlte

Operation Pepper

garbage	Müll
plumber	Klempner, Spengler
pick up	abholen
dog walker	Hunde-Ausführer
delivery	Lieferung
ambulance	Krankenwagen
housekeeper	Haushälter/in
janitor	Hausmeister

Eine unheimliche Entdeckung

It's you again!	Sie schon wieder!
get rid off	wegschaffen
crazy	verrückt
bird	Vogel
come	kommen
immediately	sofort
urgent	dringend
livingroom	Wohnzimmer
trash basket	Papierkorb
piano	Klavier
painting	Gemälde
wall	Wand
titled	bezeichnet
on the moon	auf dem Mond
seems	scheint
quite	ziemlich
nervous	nervös
running	rennen (gerade jetzt)
towards	gegen
door	Tür
corner	Ecke
someone	jemand
banging	schlagen (gerade jetzt)
heavens	Himmel!
locked up	eingeschlossen